Impressum
Verlag: BABADADA GmbH, Nedderfeld 112 , 22529 Hamburg
Geschäftsführer / Verlagsleitung: Harald Hof
Druck: Books on Demand GmbH, In de Tarpen 42, 22848 Norderstedt

Imprint
Publisher: BABADADA GmbH, Nedderfeld 112 , 22529 Hamburg, Germany
Managing Director / Publishing direction: Harald Hof
Print: Books on Demand GmbH, In de Tarpen 42, 22848 Norderstedt

koulu
dugsi

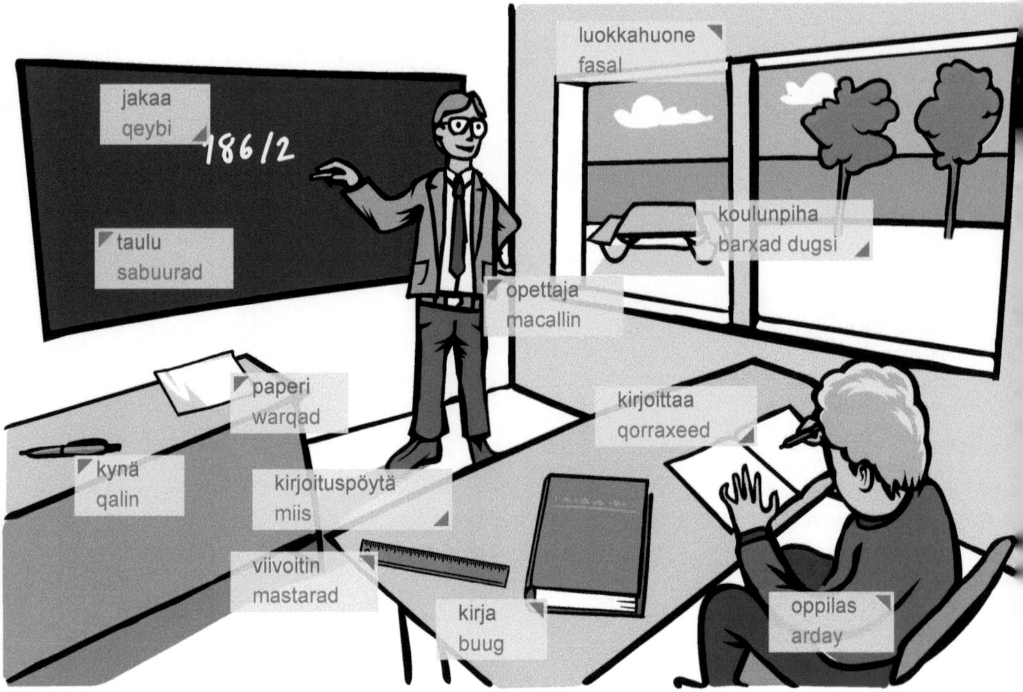
luokkahuone
fasal
jakaa
qeybi
186/2
koulunpiha
barxad dugsi
taulu
sabuurad
opettaja
macallin
paperi
warqad
kirjoittaa
qorraxeed
kynä
qalin
kirjoituspöytä
miis
viivoitin
mastarad
kirja
buug
oppilas
arday

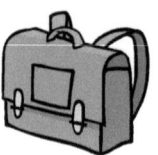

reppu
boorso

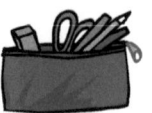

penaali
kiis qalin-qori

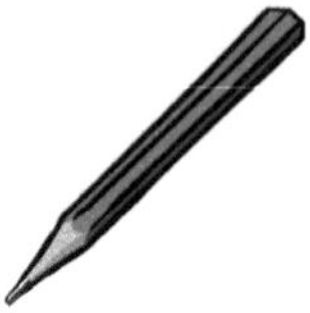

lyijykynä
qalin-qori

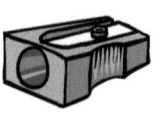

kynänteroitin
koobka qalin qor

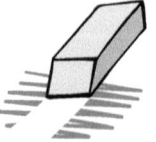

pyyhekumi
titirre

piirustuslehtiö
buugga sawirka

piirustus

sawirid

pensseli

burushka midabaynta

vesivärit

gasaca midabaynta

sakset

maqasyo

liima

koollo

harjoituskirja

buug qoraal

kotitehtävä

shaqo-guri

luku

lambar

lisätä

ku dar

vähentää

ka jar

kertoa

ku dhufo

laskea

xisaabi

kirjain

warqad

aakkoset

alifbeeto

sana

erey

teksti

qoraal

lukea

akhri

liitu

jeesto

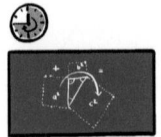

oppitunti

cahsar

opettajan muistikirja

diiwaan

koe

imtixaan

todistus

shahaado

koulupuku

direes dugsi

koulutus

waxbarasho

sanakirja

diwaan mowduuceed

yliopisto

jaamacad

mikroskooppi

mayskariskoob

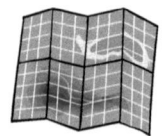

kartta

khariidad

roskakori

haan qashin-gur

matka
safar

hotelli
hoteel
Grand
retkeilymaja
hoteel jiif-cunto
rahanvaihto
xafiiska sarrifaka lacagaha
matkalaukku
shandad-dhar
auto
baabuur

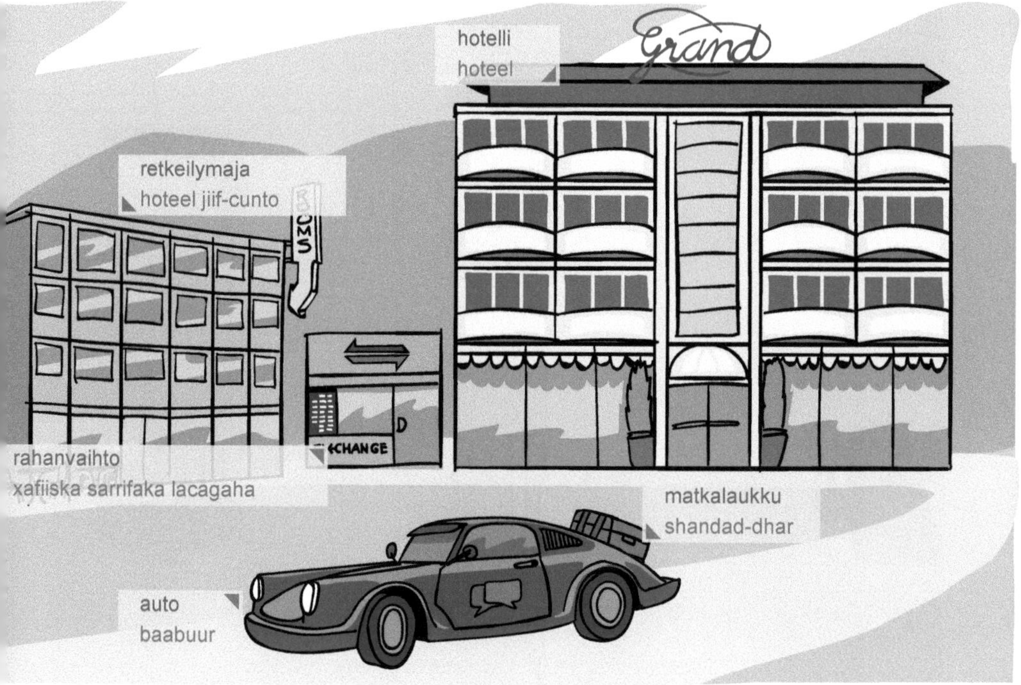

kieli
luuqad

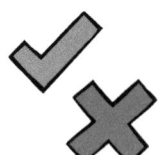

kyllä / ei
haa / maya

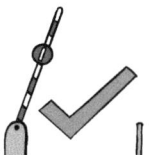

selvä
Hagaag

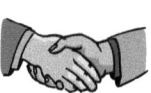

hei
nabad miyaa

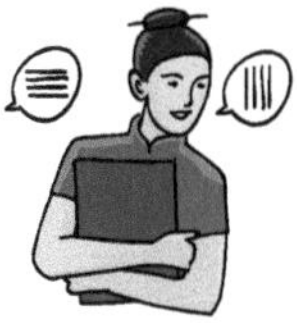

tulkki
turjumaan

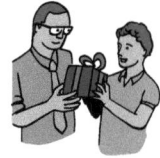

kiitos
Waad mahadsan tahay

Paljonko...maksaa?

waa immisa...?

en ymmärrä

ma aanan fahamin

ongelma

dhibaato

Hyvää iltaa!

galab wanaagsan!

Hyvää huomenta!

subax wanaagsan!

Hyvää yötä!

habeen wanaagsan!

näkemiin

nabad gelyo

suunta

jiho

matkatavarat

alaabo

laukku

boorso

reppu

boorso-dhabar

vieras

marti

huone

qol

makuupussi

katiifad

teltta

teendho

turisti-info

xog dalxiis

ranta

xeebta

luottokortti

kaar amaah

aamupala

quraac

lounas

qado

päivällinen

casho

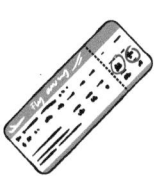

matkalippu

rasiid

hissi

wiish

postimerkki

tiimbare

raja

xuduud

tulli

qeybta-canshuur-bixinta

suurlähetystö

safaarad

viisumi

dal ku gal

passi

baasaboor

kuljetus

gaadiid

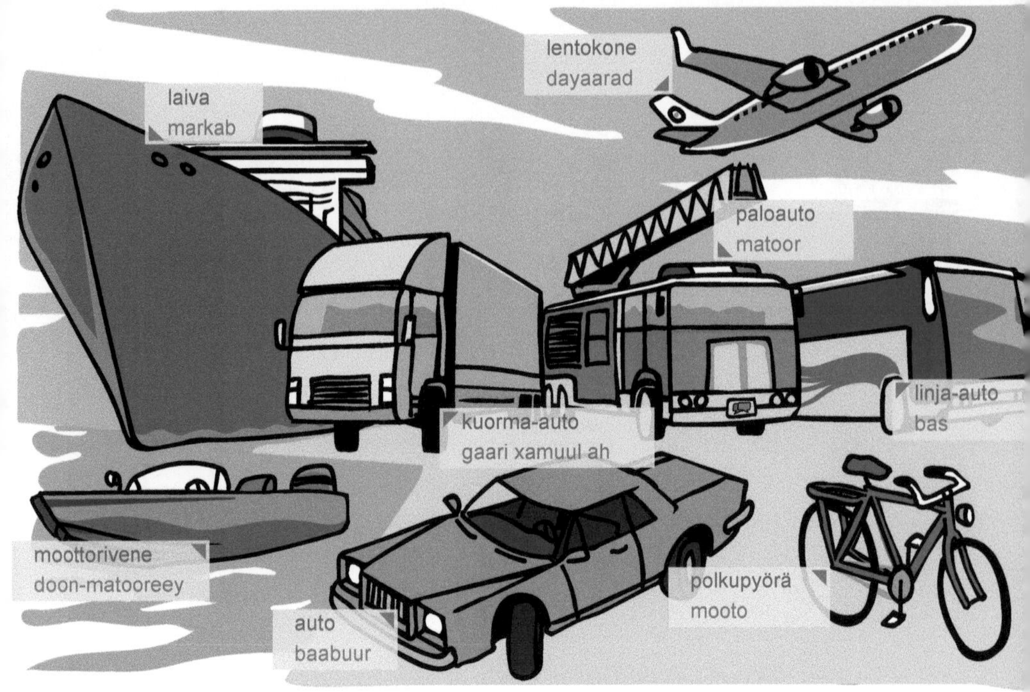
lentokone
dayaarad
laiva
markab
paloauto
matoor
linja-auto
bas
kuorma-auto
gaari xamuul ah
moottorivene
doon-matooreey
polkupyörä
mooto
auto
baabuur

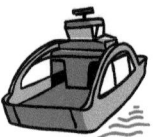

lautta

doon

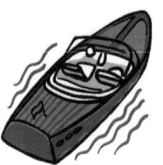

vene

doonnida

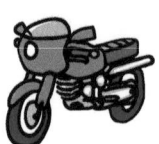

moottoripyörä

mooto

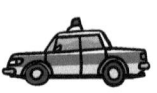

poliisiauto

baabuur booliis

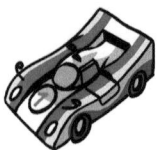

kilpa-auto

baabuur baratan

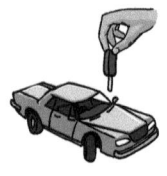

vuokra-auto

baabuur la-kiraysto

car sharing

gaadiid-wadaag

hinausauto

wiishle

roska-auto

gaari qashin-gure

moottori

matoor

polttoaine

shidaal

huoltoasema

ajib

liikennemerkki

calaamad taraafiko

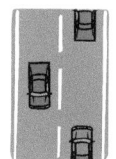

liikenne

taraafiko

ruuhka

jaam baabuur

parkkipaikka

baarkin-baabuur

rautatieasema

boosteejo tareen

raiteet

waddo-tareen

juna

tareen

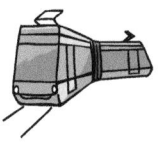

raitiovaunu

taraam

vaunu

gaari faras

helikopteri

helikobtar

lentokenttä

garoonka dayuuradaha

lähilennonjohto

manaarad

matkustaja

rakaab

kontti

weel

pahvilaatikko

kartoon

kärryt

gaari faras

kori

dambiil

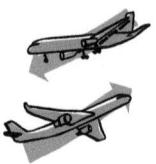

nousta / laskea

kicid / degis

kaupunki

magaalo

kylä

tuulo

keskusta

faras magaale

talo

guri

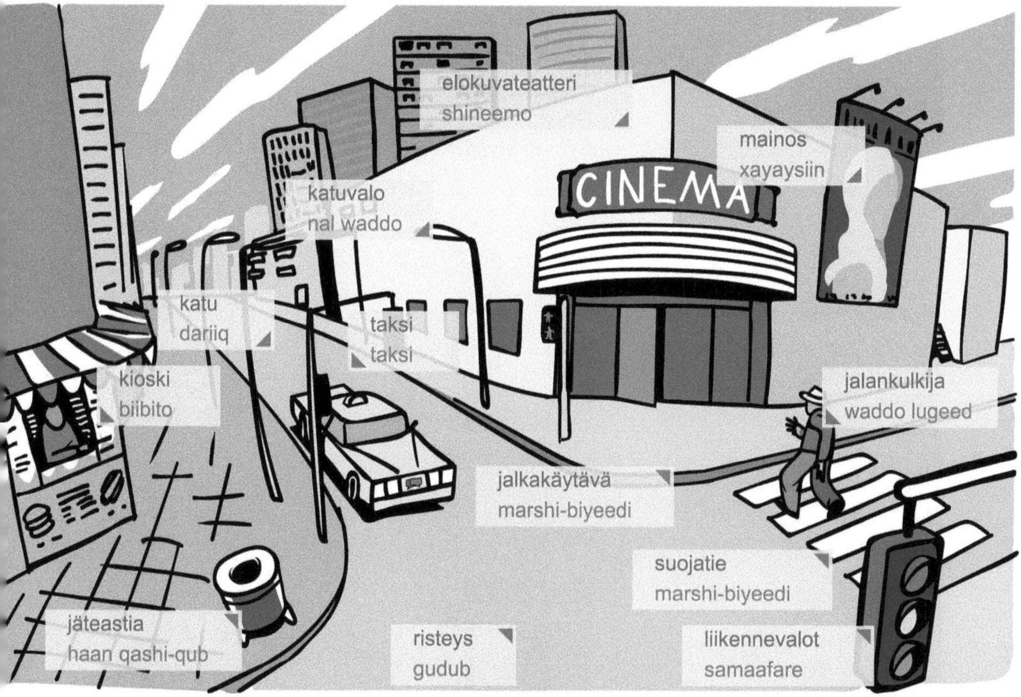

elokuvateatteri
shineemo
mainos
xayaysiin
CINEMA
katuvalo
nal waddo
katu
dariiq
taksi
taksi
kioski
biibito
jalankulkija
waddo lugeed
jalkakäytävä
marshi-biyeedi
suojatie
marshi-biyeedi
jäteastia
haan qashi-qub
risteys
gudub
liikennevalot
samaafare

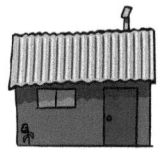

mökki

mundul

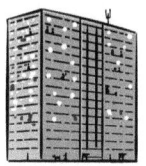

kerrostalo

dabaq

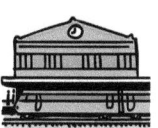

rautatieasema

boosteejo tareen

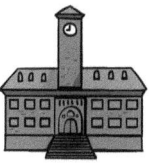

kaupungintalo

xarunta dowladda-hoose

MUSEUM

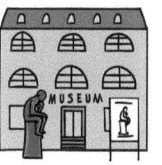

museo

matxaf

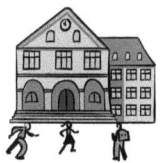

koulu

dugsi

yliopisto

jaamacad

pankki

bangi

sairaala

isbitaal

hotelli

hoteel

apteekki

farmasi

toimisto

xafiis

kirjakauppa

buug shoob

liike

dukaan

kukkakauppa

dukaan ubax

supermarketti

carwo

tori

suuq

tavaratalo

suuq weyne

kalakauppias

kalluun-iibshe

ostoskeskus

suuq

satama

furdo

puisto

jardiino

penkki

kursi

silta

buundo

portaat

jaraanjaro

metro

waddo-tareen-hoosaad

tunneli

waddo-dhul hoose

linja-autopysäkki

boosteejo

baari

baar

ravintola

makhaayad

postilaatikko

sanduuq boosto

katukyltti

calaamad waddo

parkkimittari

joogid-cabbire

eläintarha

beer-xayawaan

uimala

barkad dabbaalasho

moskeija

masaajid

maatila
beer

ympäristön saastuminen
naqas

hautausmaa
qabuuro

kirkko
kaniisad

leikkikenttä
garoon

temppeli
macbad

maisema
muqaal-dhireed

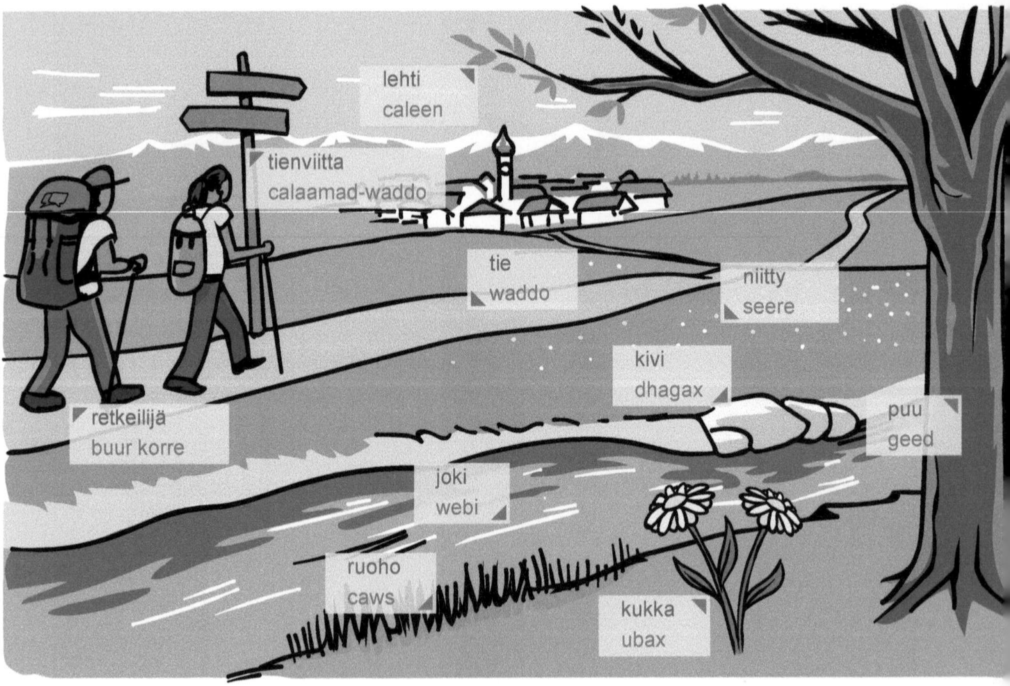

lehti
caleen

tienviitta
calaamad-waddo

tie
waddo

niitty
seere

kivi
dhagax

puu
geed

retkeilijä
buur korre

joki
webi

ruoho
caws

kukka
ubax

laakso
dooxo

vuori
buur

järvi
laag

metsä
kayn

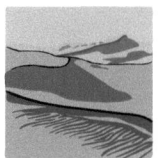

aavikko
saxare

tulivuori
foolkaano

linna
qasri

sateenkaari
qaanso-roobaad

sieni
barkin-waraabe

palmu
geed timireed

hyttynen
kaneeco

kärpänen
duqsi

muurahainen
qoraanjo

mehiläinen
shinni

hämähäkki
caaro

kovakuoriainen

dameer-duudeey

sammakko

rah

orava

dabagaalle

siili

kashiito

jänis

dabagaalle

pöllö

guumeys

lintu

shimbir

joutsen

boolo-boolo

villisika

doofaar-jilibeey

peura

deero

hirvi

faras-duur

pato

biyo-xireen

tuulimylly

tamar-dhaliye

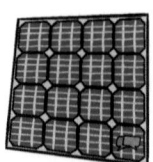

aurinkopaneeli

soollar

ilmasto

cimilo

ravintola
makhaayad

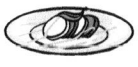

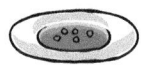

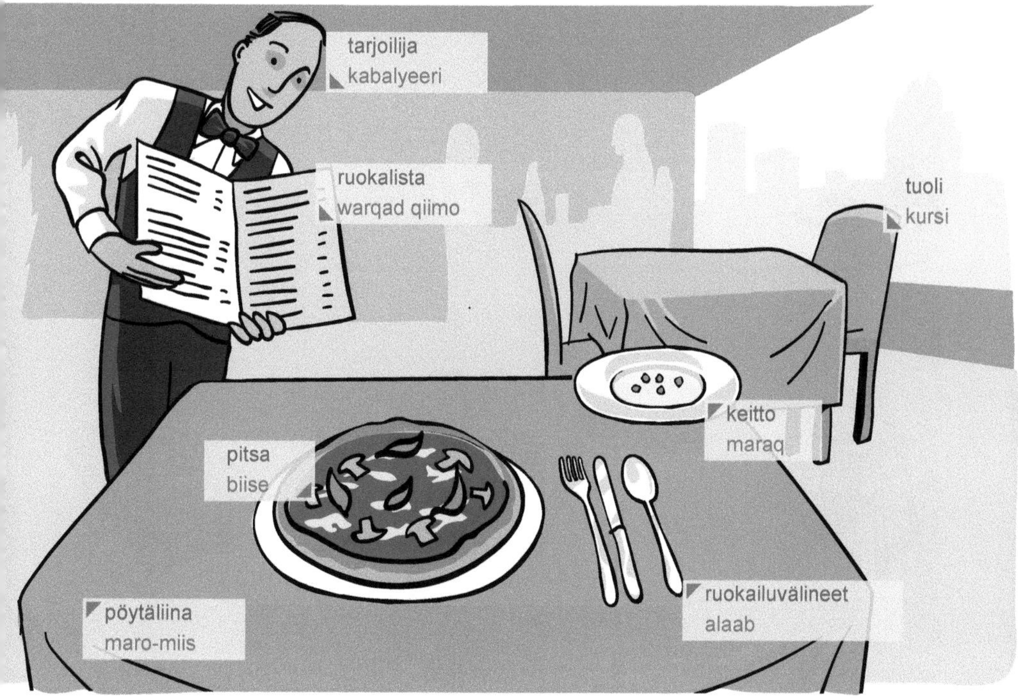

tarjoilija
kabalyeeri
ruokalista
warqad qiimo
tuoli
kursi
keitto
maraq
pitsa
biise
pöytäliina
maro-miis
ruokailuvälineet
alaab

alkuruoka

af-billow

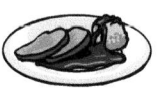

pääruoka

cunto bariimo

jälkiruoka

macmacaan

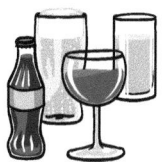

juomat

cabitaan

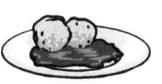

ruoka

cunto

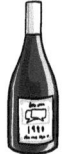

pullo

dhalo

pikaruoka

cunto diyaarsan

katuruoka

cunto-waddo

teekannu

jalmad shaah

sokeriastia

weelka sonkorta

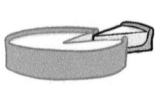

annos

qayb

espressokeitin

mashiinka isbareesada

syöttötuoli

kursi dheer

lasku

biil

tarjotin

tereey

veitsi

mindi

haarukka

fargeeto

lusikka

qaaddo

teelusikka

malqacad-shaah

servietti

shukumaan miis

lasi

galaas

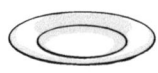

lautanen	syvä lautanen	aluslautanen
saxan	saxanka maraqa	saxan

kastike	suolasirotin	pippurimylly
suugo	weelka cusbada	basbaas shiide

etikka	öljy	mausteet
fixiye	saliid	dhandhanaan

ketsuppi	sinappi	majoneesi
suugo	mastaard	mayoonees

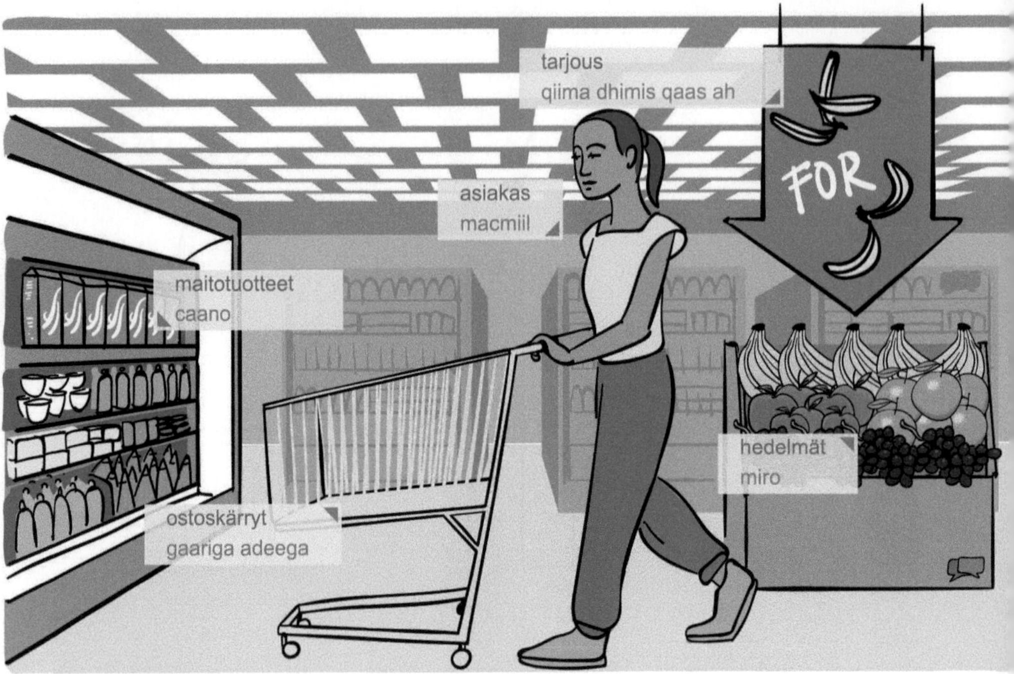

tarjous
qiima dhimis qaas ah

asiakas
macmiil

maitotuotteet
caano

ostoskärryt
gaariga adeega

hedelmät
miro

FOR

teurastamo	leipomo	punnita
kawaan	foorno	cabbir
	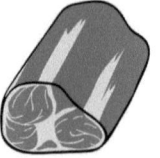	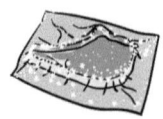
kasvikset	liha	pakasteet
khudaar	hilib	cunto la qaboojiyay

leikkele

hilibka qadada

säilykkeet

cunto gasacadeysan

pesujauhe

oomo

makeiset

macmacaan

kotitaloustarvikkeet

alaabada guri

puhdistusaineet

alaabo nadaafad

myyjä

iibshe

kassa

diiwaan lacagta

kassanhoitaja

qasnaji

ostoslista

liis adeeg

aukioloajat

saacadaha shaqo

lompakko

shandada jeebka

luottokortti

kaar amaah

kassi

bac

muovipussi

bac

vesi

biyo

mehu

casiir

maito

caano

kokis

kooka-kola

viini

khamri

olut

biir

alkoholi

khamri

kaakao

kooke

tee

shaah

kahvi

kafee

espresso

isberesso

cappuccino

koobishiin

banaani

muus

omena

tufaax

appelsiini

liin-bambeelmo

meloni

qare

sitruuna

liin

porkkana

karooto

valkosipuli

toon

bambu

baambuu

sipuli

basal

sieni

barkin-waraabe

pähkinät

loos

spagetti

baasto

spagetti

baasto

riisi

bariis

salaatti

salar

ranskalaiset

jibsi

paistetut perunat

baradho shiilan

pitsa

biise

hampurilainen

haambeegar

voileipä

saanwij

leike

hilib-jiir

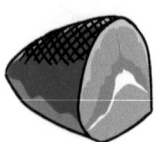

kinkku

hilib-doofaar

salami

salami

makkara

sooseej

kana

hilib-digaag

paisti

duban

kala

kalluun

kaurahiutaleet
sareenta mashaarida

mysli
quraac isku-dhafan

murot
daango

jauho
bur

voisarvi
nooc rooti ah

sämpylä
rooti

leipä
rooti

paahtoleipä
rooti-la-kulluleeyey

keksit
buskud

voi
subag

rahka
hanti

kakku
doolsho

kananmuna
ukun

paistettu kananmuna
ukun shiilan

juusto
burcad

jäätelö

jalaato

sokeri

sonkor

hunaja

malab

hillo

malmalaado

suklaapähkinälevite

labeen macmacaan

curry

suugo

maatila
beer

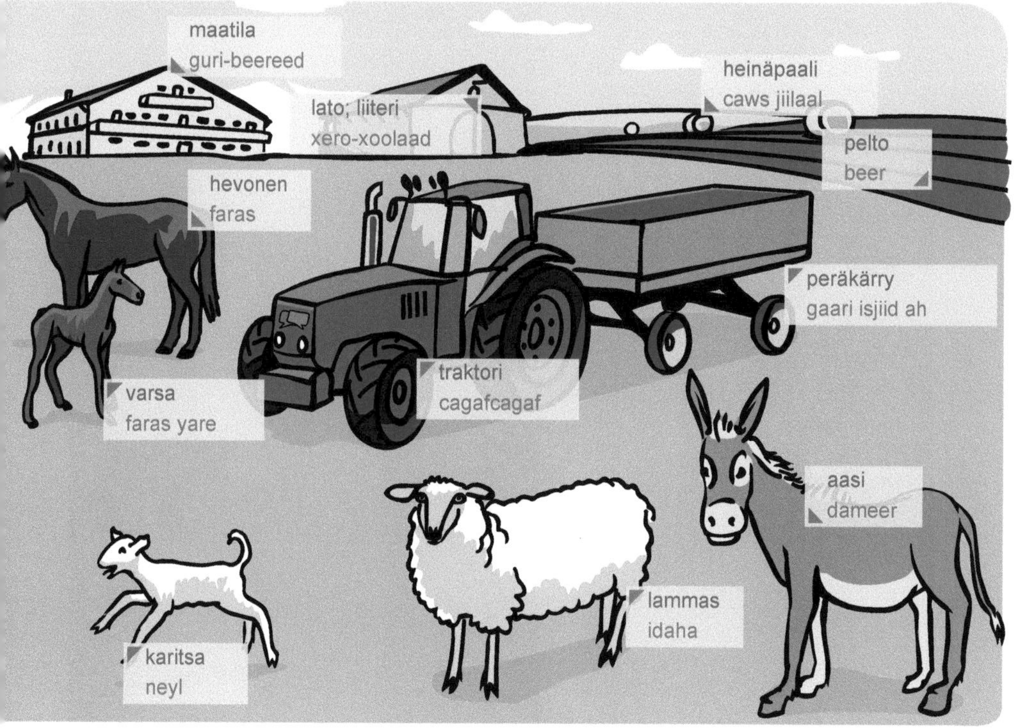
maatila
guri-beereed
lato; liiteri
xero-xoolaad
heinäpaali
caws jiilaal
pelto
beer
hevonen
faras
peräkärry
gaari isjiid ah
varsa
faras yare
traktori
cagafcagaf
aasi
dameer
lammas
idaha
karitsa
neyl

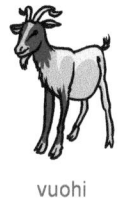

vuohi
ri'

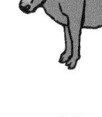

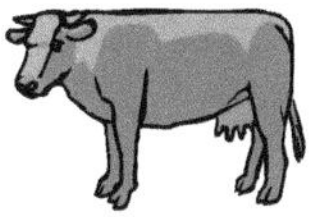
lehmä
sac

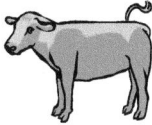

vasikka
weyl

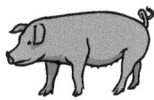

sika
doofaar

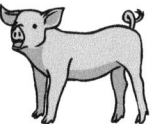

porsas
dhal doofaar

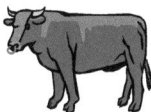

sonni
dibi

hanhi

bawaato lab

ankka

bawaato

tipu

jiijiile

kana

digaag

kukko

diiq

rotta

doolli

kissa

bisad

hiiri

jiir

härkä

dibi

koira

eey

koirankoppi

hoyga eeyga

puutarhaletku

tuubbo waraab

kastelukannu

sakeelka waraabinta

viikate

gudin

aura

carro-roge

sirppi
gudin

kuokka
yaambo

talikko
fargeeto caws-beereed

kirves
faas

kottikärryt
gaari -gacan

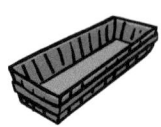

kaukalo
dar

maitokannu
dhalada caanaha

säkki
jawaan

aita
deer

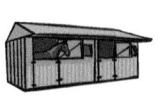

talli
xero xooleed

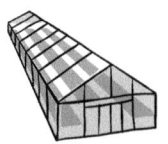

kasvihuone
gur-biqlin-dhireed

maa
ciidda

siemen
abuuka

lannoite
bacrimiye

leikkuupuimuri
cagafta beer-goynta

kerätä sato

beer-goyn

sato

beer-gooyn

jamssit

moxog

vehnä

sarreen

soija

soya

peruna

baradho

maissi

galley

rypsi

geed-saliideed

hedelmäpuu

geed mirood

maniokki

moxog

vilja

firiley

talo
guri

savupiippu
qiiq saar
katto
saqaf
sadevesikouru
majaroor
ikkuna
daaqad
autotalli
garaash
ovikello
gambaleel
ovi
irrid
roska-astia
haan qashin
postilaatikko
sanduuq boosto
puutarha
beer

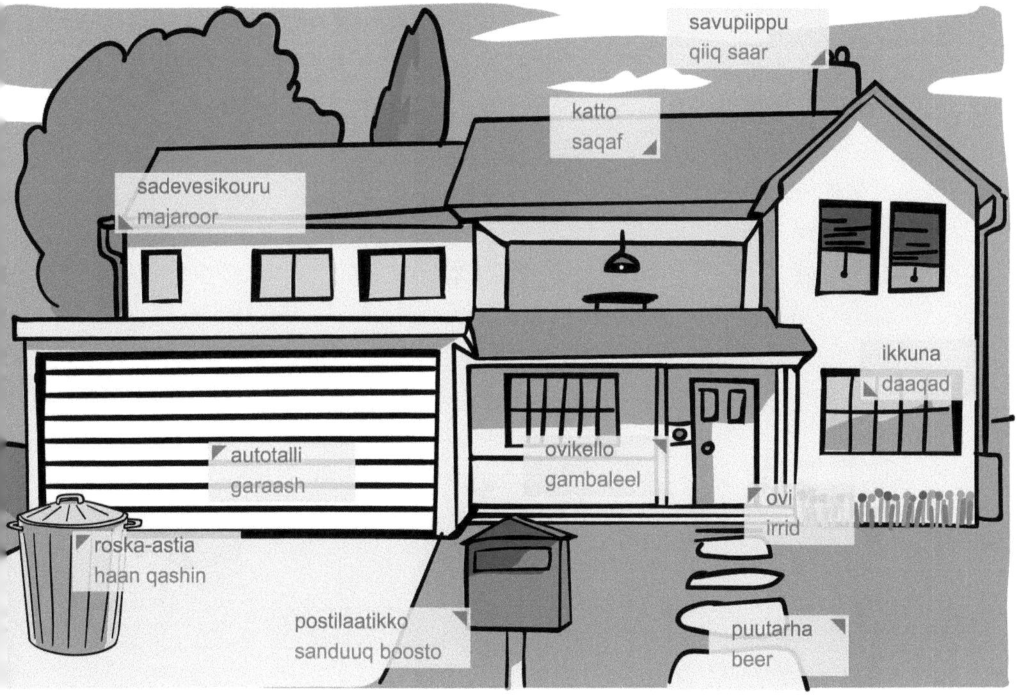

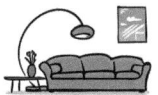

olohuone

qol jiib

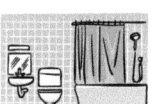

kylpyhuone

musqul-qubeys

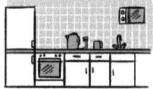

keittiö

jiko

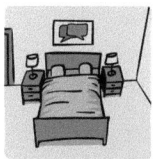

makuuhuone

qolka jiifka

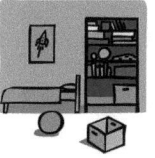

lastenhuone

qolka ilmaha

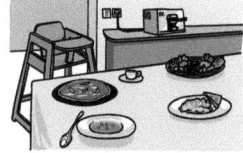

ruokahuone

qolka cuntada

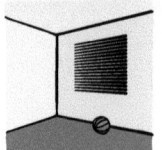

lattia

sagxad

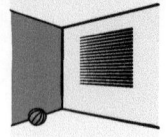

seinä

derbi

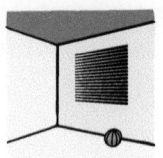

katto

saqaf

kellari

makhaasiin

sauna

soona

parveke

balakoon

terassi

daarad

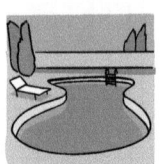

uima-allas

barkad

ruohonleikkuri

caws-jare

lakana

buste

päiväpeitto

go'

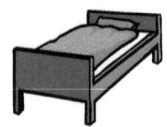

sänky

sariir

harja

xaaqin

ämpäri

baaldi

katkaisin

daare-damiye

olohuone
qol jiib

tapetti
sharaaxd-derbi
kuva
sawir
lamppu
feynuus
hylly
qaanad
kaappi
armaajo
televisio
telefiishan
takka
dab-shid
kukka
ubax
tyyny
barkin
sohva
fadhi-carbeed
maljakko
dheri-ubax
kaukosäädin
rimuud

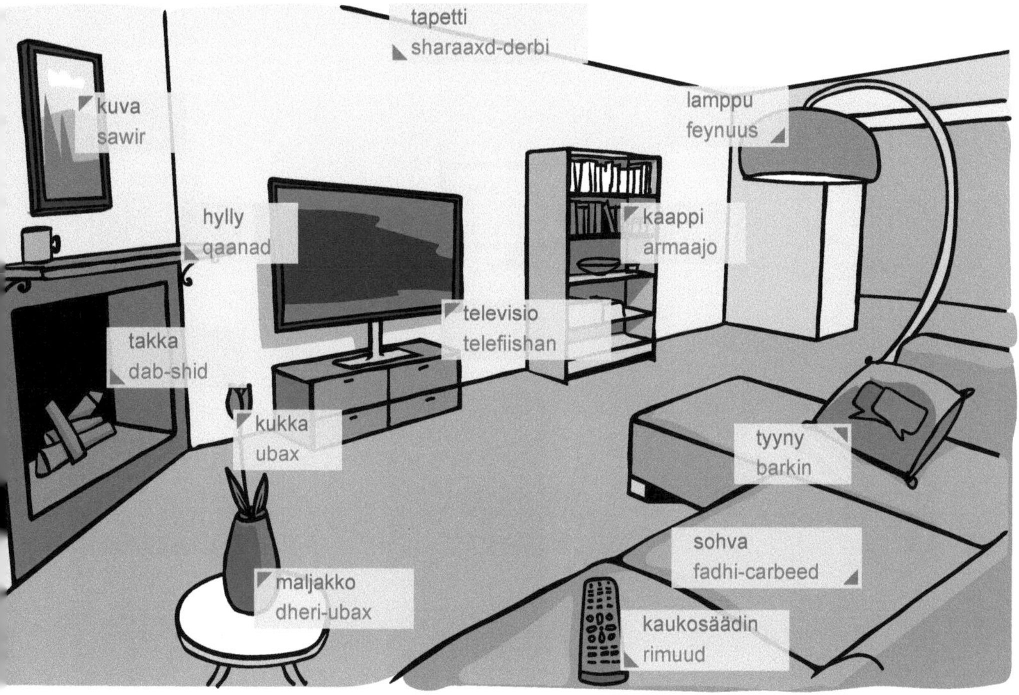

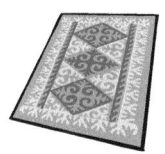

matto
roog

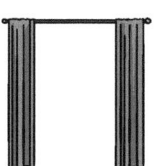

verho
daah

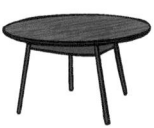

pöytä
miis

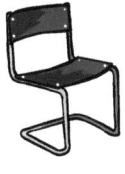

tuoli
kursi

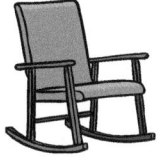

keinutuoli
kursi wareega

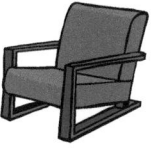

nojatuoli
kursi fadhi

kirja

buug

peitto

buste

koriste

qurxin

polttopuut

xaabo

elokuva

filin

stereot

cod-baahiye

avain

fure

sanomalehti

wargeys

maalaus

rinjiyeyn

juliste

tabeelo

radio

raadiye

muistivihko

xusuus-qor

pölynimuri

huufar

kaktus

tiitiin

kynttilä

shumac

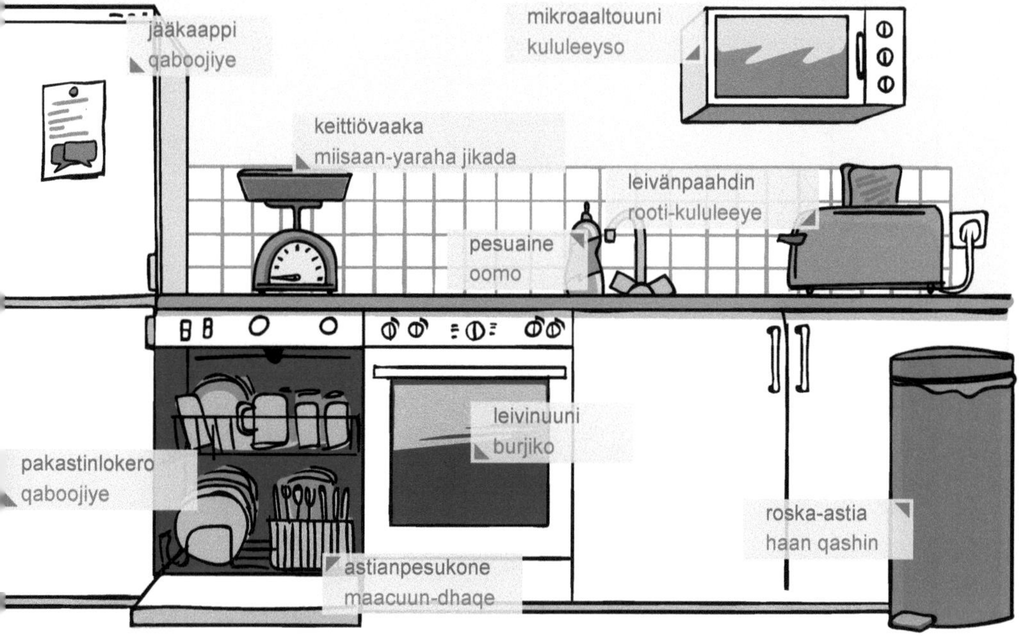

jääkaappi
qaboojiye

mikroaaltouuni
kululeeyso

keittiövaaka
miisaan-yaraha jikada

leivänpaahdin
rooti-kululeeye

pesuaine
oomo

leivinuuni
burjiko

pakastinlokero
qaboojiye

roska-astia
haan qashin

astianpesukone
maacuun-dhaqe

liesi
kuuker

kattila
dheri

rautapata
birtaawo

okkipannu / kadai-pannu
birtaawo

paistinpannu
birtaawo

teepannu
kirli

höyrykeitin

uumiye

uunipelti

saxaarad dubista

astiat

maacuun

muki

bakeeri

kulho

baaquli

syömäpuikot

qoryo wax lagu cuno

kauha

malqacad

paistinlasta

qaado

vispilä

folow

siivilä

miire

siivilä

shashaq

raastin

qudaar-jare

mortteli

mooye

grilli

hilib-sol

avotuli

dab

leikkuulauta

alwaaxa wax-jar-jarka

kaulin

ul jabaati

korkinavaaja

guf-saare

purkki

gasac

purkinavaaja

gasac-fure

pannulappu

istaraasho-jiko

lavuaari

saxanka-alaab-dhaqa

tiskiharja

caday

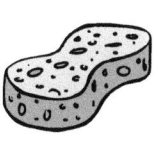

pesusieni

isbuunyo

tehosekoitin

shiide

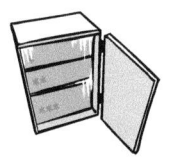

pakastin

qaabojin qoto-dheer

tuttipullo

masaasad

vesihana

tuubbo

kylpyhuone
musqul-qubeys

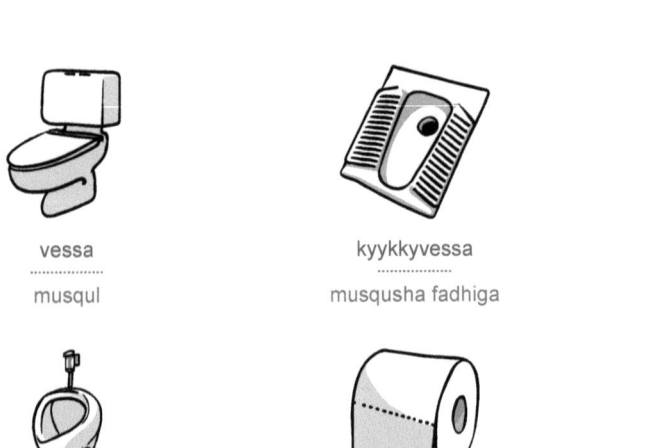

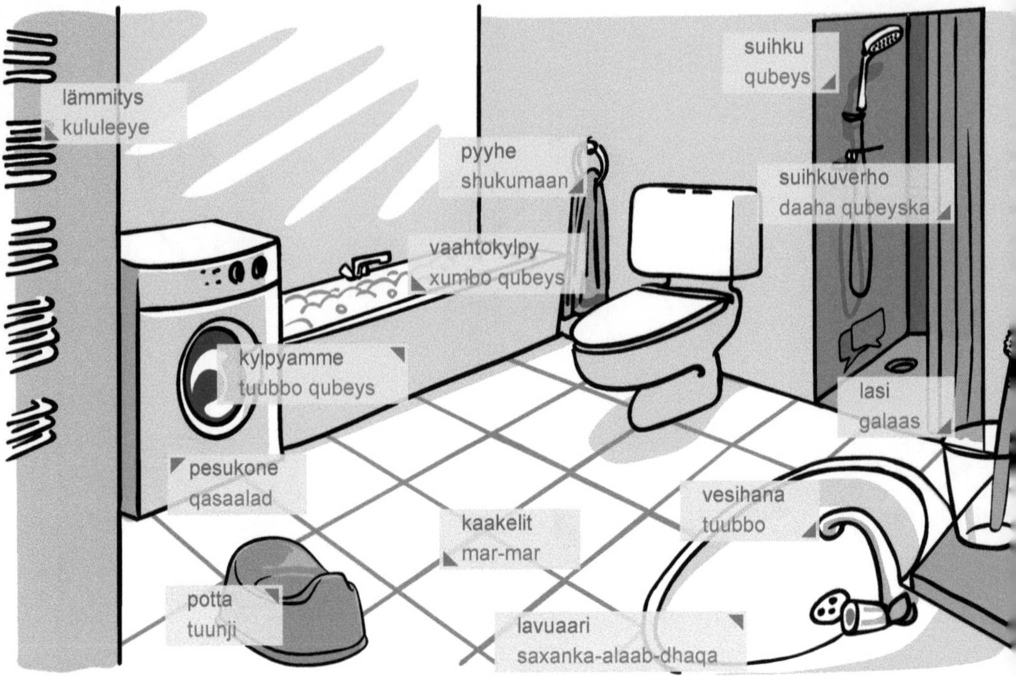

lämmitys
kululeeye
pyyhe
shukumaan
suihku
qubeys
suihkuverho
daaha qubeyska
vaahtokylpy
xumbo qubeys
kylpyamme
tuubbo qubeys
lasi
galaas
pesukone
qasaalad
vesihana
tuubbo
kaakelit
mar-mar
potta
tuunji
lavuaari
saxanka-alaab-dhaqa

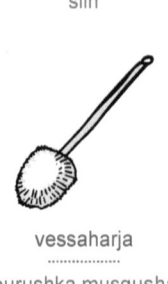

vessa

musqul

kyykkyvessa

musqusha fadhiga

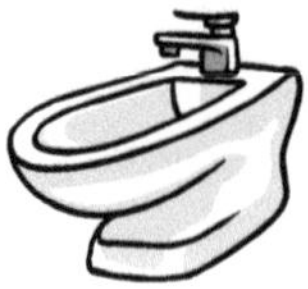

bidee

siin

pisuaari

weel kaadi

vessapaperi

tiish musqul

vessaharja

burushka musqusha

		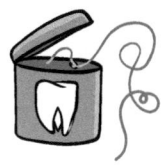
hammasharja	hammastahna	hammaslanka
caday	daawo caday	dunta ilka farashada

pestä	käsisuihku	intiimisuihku
dhaq	gacan qubeys	tuubo-musqul

pesuvati	selkäharja	saippua
beeshin	burush-qubeys	saabuun

suihkugeeli	shampoo	pesulappu
shaambo	shaambo	cago-saar

viemäri	voide	deodorantti
biyo-saare	kareem	carfiso

peili

muraayad

käsipeili

muraayad gacmeed

partaveitsi

sakiin

partavaahto

xumbada xiirashada

partavesi

daawo gar-xiir

kampa

shanlo

harja

burush

hiustenkuivaaja

fooneeye

hiuslakka

timo-buufis

meikki

waji-qurxiye

huulipuna

rooseeto

kynsilakka

cidiyo-nadiifiye

pumpuli

dun

kynsisakset

cidiyo-jar

hajuvesi

baarafuun

kosmetiikkalaukku

boorso-wajidhaq

jakkara

saxaro

vaaka

miisaan culays

kylpytakki

dhar-qubeys

kumihansikkaat

gacma gashi cinjir

tamponi

tambooni

terveysside

tiimshe

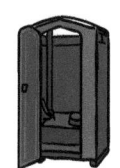

kemiallinen wc

musqul kiimiko

lastenhuone
qolka ilmaha

herätyskello
saacadda dhawaaqda
pehmolelu
boombale caruur
leikkiauto
baabuur caruureed
helistin
sanqadh
nukkekoti
guriga caruusada
lahja
hadiyad

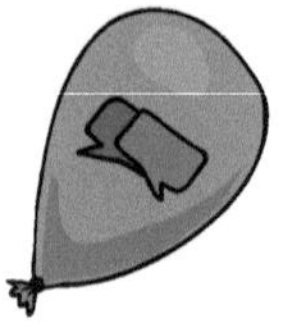

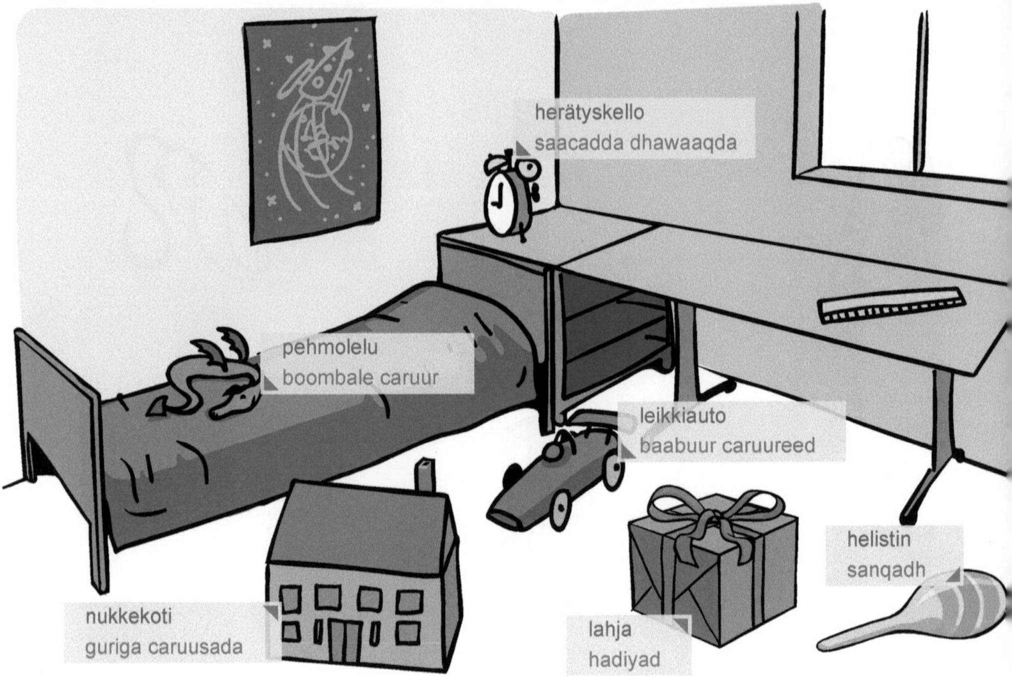

ilmapallo

buufin

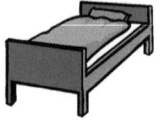

sänky

sariir

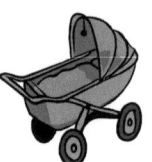

lastenvaunut

gaariga caruurta

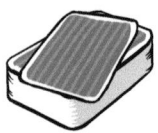

korttipeli

turub

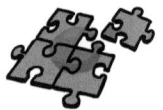

palapeli

miinshaar

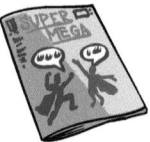

sarjakuva

maad

legopalikat

bulkeeti boombale ah

rakennuspalikat

tooy

supersankari

sanam

potkupuku

isku-jooga dhallaanka

frisbee

aalad cayaar

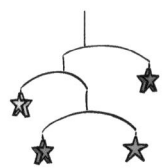

mobile

moobaayl

lautapeli

khamaar

noppa

laadhuu

pienoisjunarata

moodo tareen

tutti

boombale

juhlat

xaflad

kuvakirja

buug sawirro

pallo

kubbad

nukke

boombale

leikkiä

cayaar

hiekkalaatikko

dhoobo-dhoobeey

keinu

wiifoow

lelut

alaab-alaabeey

pelikonsoli

geemka gacanta laga hago

kolmipyörä

baaskiil

nalle

boombale

vaatekaappi

armaajo dhar

vaatteet

dhar

sukat

sigisaan

nylonsukat

sigsaan haween

sukkahousut

surwaal-dhuuqsan

kaulaliina
masar

vyö
suun

sateenvarjo
dallad

t-paita
funaanad

lenkkarit
kabo tababar

saappaat
kabo buud

sisätossut
dacas

sandaalit
....
saandalo

kengät
....
kabo

kumisaappaat
....
kabo roob

alushousut
....
hoos-gashi

rintaliivit
....
rajabeeto

aluspaita
....
garan

body

jir

housut

surwaal

farkut

surwaal jeenis

hame

goono

pusero

canbuur

paita

shaati

villapaita

funaanad-dhaxameed

collegepaita

garan dhaxameed

jakku

jaakad fudud

takki

jaakad

takki

koodh

sadetakki

koodhka roobka

puku

dhar-munaasabadeed

mekko

labbis

hääpuku

lebbis aroos

puku
suut

yöpaita
dhar-hurdo

pyjama
bajaamo

shari
saari

päähuivi
masar

turbaani
cimaamad

burka
cabaayad

kaftaani
saako

abaya
cabaayad

uimapuku
dharka-dabaasha

uimahousut
dabo-gaabyo

shortsit
surwaal-dabagaab

verkkarit
taraak-suut

esiliina
dufan-dhowr

käsineet
gacmo gashi

nappi
galluus

silmälasit
ookiyaale

rannekoru
jijin

kaulakoru
silis

sormus
faraati

korvakoru
dhego dhego `

lippalakki
koofiyo

ripustin
katabaan

hattu
koofiyad

solmio
garabaati

vetoketju
jiinyeer

kypärä
helmed

henkselit
ilko-reeb

koulupuku
direes dugsi

univormu
direes

ruokalappu

cayo-dhowr

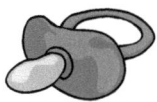

tutti

boombale

vaippa

maro-dufeed

toimisto
xafiis

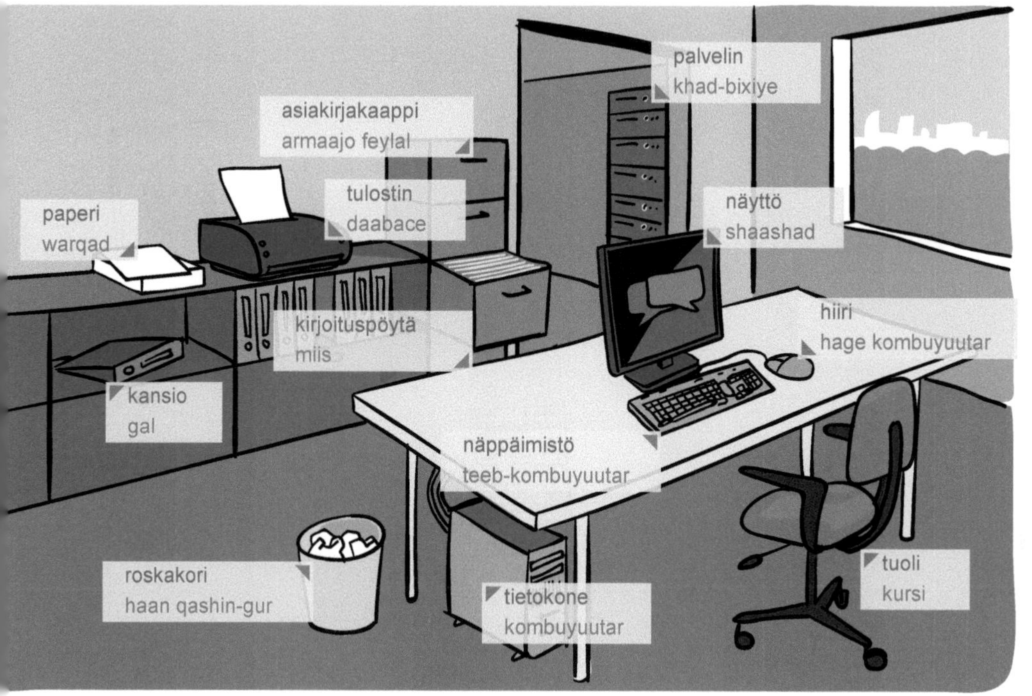

palvelin
khad-bixiye

asiakirjakaappi
armaajo feylal

tulostin
daabace

näyttö
shaashad

paperi
warqad

hiiri
hage kombuyuutar

kirjoituspöytä
miis

kansio
gal

näppäimistö
teeb-kombuyuutar

roskakori
haan qashin-gur

tuoli
kursi

tietokone
kombuyuutar

kahvimuki

koob kafee

taskulaskin

kalkuleytar/xisaabiye

internet

internet

kannettava tietokone

laabtoob

kirje

bakhshad

viesti

fariin

kännykkä

moobaayl

verkko

shabakad-kombuyuutar

kopiokone

footokoobi

ohjelmisto

barnaamij-kombuyuutar

puhelin

telefoon

pistorasia

god koronto

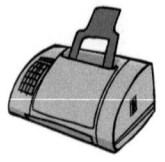

faksi

mishiinkan fax-ka

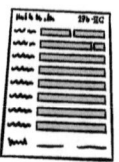

lomake

foomka

asiakirja

dokumenti

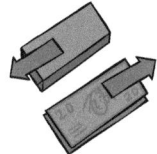

ostaa
....
iibso

maksaa
....
bixi

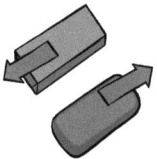

vaihtaa
....
ganacso

raha
....
lacag

dollari
....
doollar

euro
....
yuuro

jeni
....
yenka jabbaan

rupla
....
robolka ruushka

frangi
....
Franka iswiiska

renminbi juan
....
lacagta shiinaha

rupia
....
rubiyada hindiga

pankkiautomaatti
....
maqal

rahanvaihto

xafiiska sarrifaka lacagaha

kulta

dahab

hopea

qalin

öljy

shidaal

energia

tamar

hinta

qiime

sopimus

qandaraas

vero

canshuur

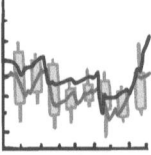

osake

raasumaal

työskennellä

shaqee

työntekijä

shaqaale

työnantaja

shaqaaleysiiye

tehdas

warshad

liike

dukaan

ammatit
shaqooyin

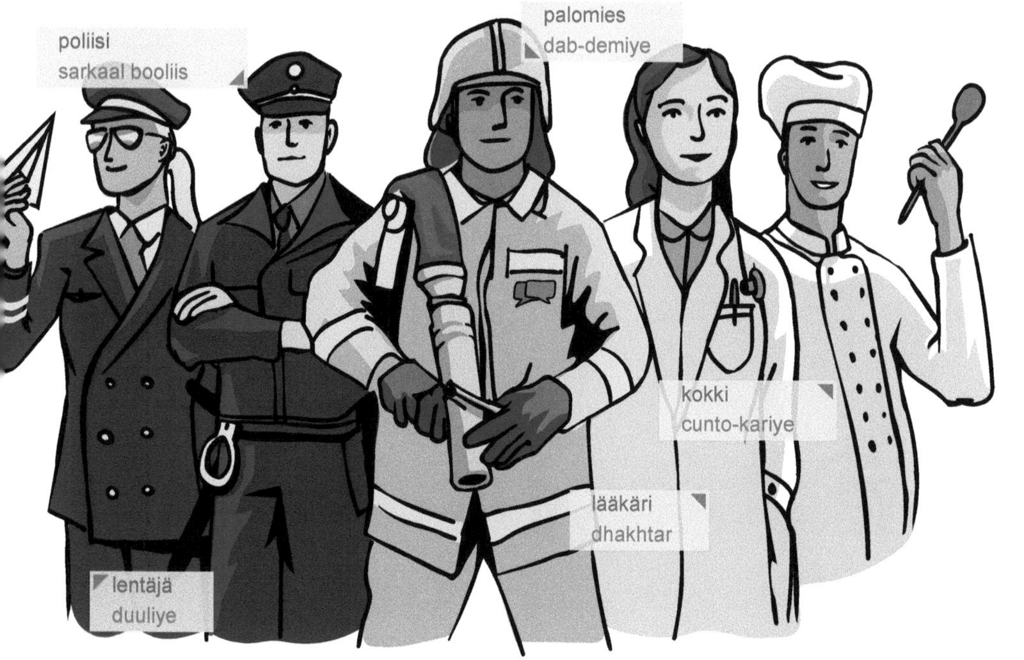
poliisi
sarkaal booliis
palomies
dab-demiye
kokki
cunto-kariye
lääkäri
dhakhtar
lentäjä
duuliye

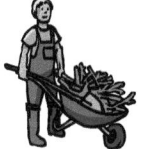

puutarhuri

beeralley

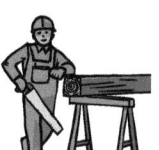

puuseppä

nijaar

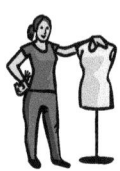

ompelija

timo-qurxiso

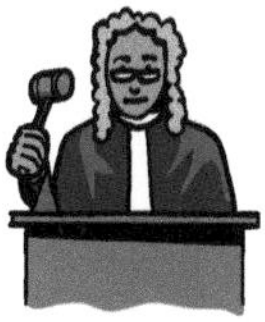

tuomari

qaaddi

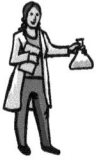

kemisti

farmashiiste

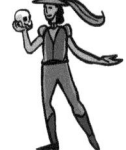

näyttelijä

jile

linja-autonkuljettaja

darawal bas

taksinkuljettaja

taksiile

kalastaja

kalluumeyste

siivooja

nadiifiso

katontekijä

saqaf-dhise

tarjoilija

kabalyeeri

metsästäjä

ugaarsade

maalari

rinjiile

leipuri

rooti-dube

sähköasentaja

koronto-yaqaan

rakentaja

dhise

insinööri

injineer

teurastaja

kawaanle

putkiasentaja

tuubbiiste

postinjakaja

boostaale

sotilas

askari

arkkitehti

injineer-dhismo

kassanhoitaja

qasnaji

floristi

ubax-yaqaan

kampaaja

timo-jare

konduktööri

kiro-uruuriye

mekaanikko

makaanik

kapteeni

kabtan

hammaslääkäri

dhakhtar-ilko

tiedemies

saaynisyahan

rabbi

wadaad yahuud

imaami

imaam

munkki

xerow

pappi

wadaad

työkalut

qalab

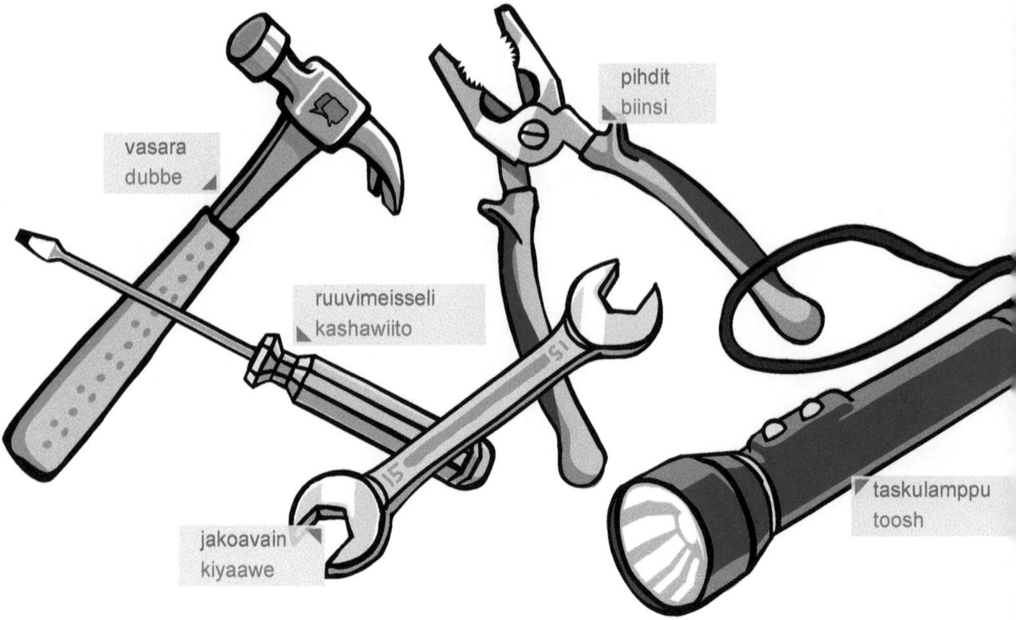

vasara
dubbe
pihdit
biinsi
ruuvimeisseli
kashawiito
jakoavain
kiyaawe
taskulamppu
toosh

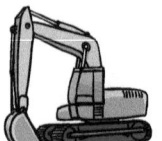

kaivinkone

dhul-qoddo

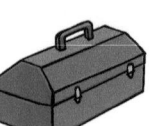

työkalupakki

qalab-xajiye

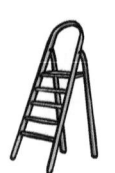

tikkaat

jaraanjaro

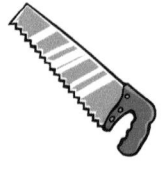

saha

miinshaar

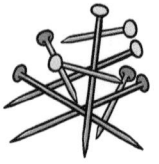

naulat

musbaarro

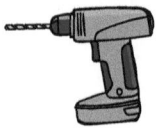

pora

dalooliye

korjata
dayactir

lapio
badiil

Hitto!
inkaar kugu dhacday!

rikkalapio
bus-xaabiye

maalipurkki
gasacad rinji

ruuvit
boolal

soittimet
qalab muusiko

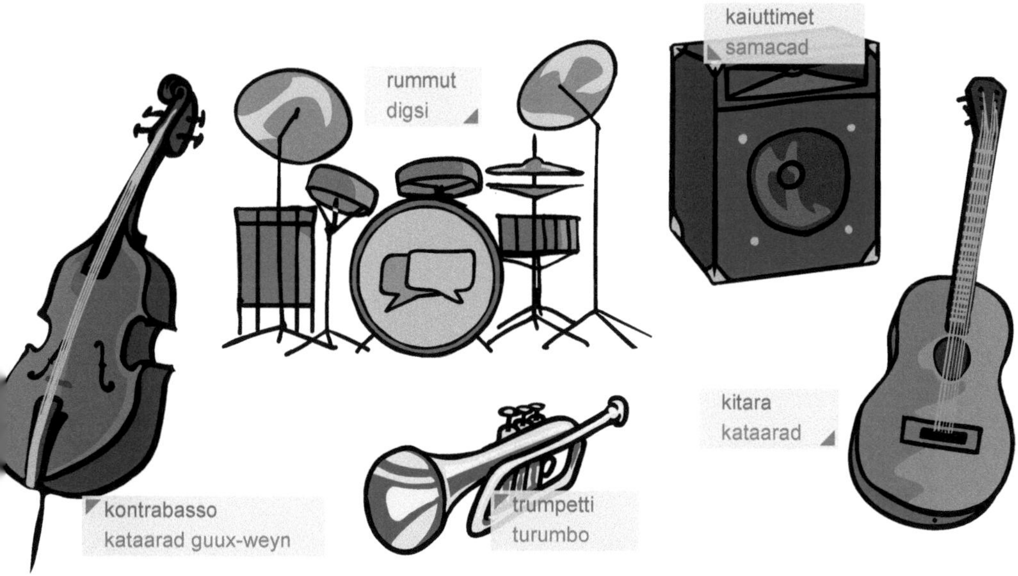

rummut
digsi

kaiuttimet
samacad

kitara
kataarad

kontrabasso
kataarad guux-weyn

trumpetti
turumbo

piano

biyaano

viulu

fiyooliin

basso

karaarad guux-dheer

patarummut

durbaan-sheegagle

rumpu

durbaan

kosketinsoitin

loox-xarfeed-biyaano

saksofoni

turumbo

huilu

siin-baar

mikrofoni

makarafoon

eläintarha
beer-xayawaan

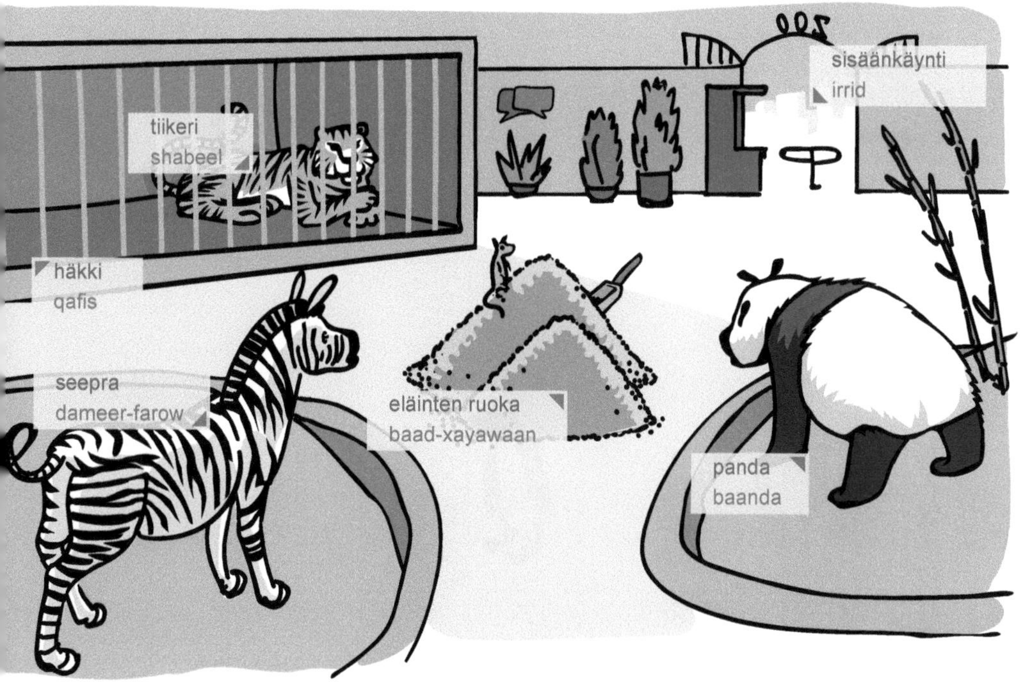

tiikeri
shabeel
sisäänkäynti
irrid
häkki
qafis
seepra
dameer-farow
eläinten ruoka
baad-xayawaan
panda
baanda

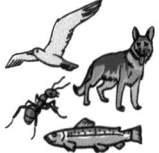

eläimet

xayawaan

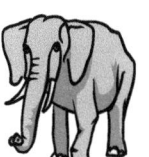

norsu

maroodi

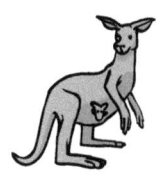

kenguru

kaangaruu

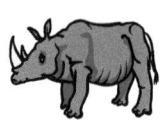

sarvikuono

wiyil

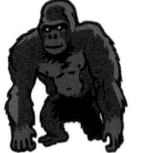

gorilla

goriille

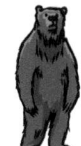

karhu

oorso

kameli

geel

strutsi

gorayo

leijona

libaax

apina

daanyeer

flamingo

xiita-luga-dheer

papukaija

baqbaqaa

jääkarhu

oorso baraf-ku-nool

pingviini

shimbir baraf

hai

libaax-badeed

riikinkukko

daa'uus

käärme

mas

krokotiili

yaxaas

eläintarhanhoitaja

beer-xayawaan ilaaliye

hylje

bahal kalluun-cun

jaguaari

shabeel-u-eke

poni
dhal faras

leopardi
harmacad

virtahepo
jeer

kirahvi
geri

kotka
gorgor

villisika
doofaar-jilibeey

kala
kalluun

kilpikonna
qubo

mursu
maroodi-badeed

kettu
dawaco

gaselli
deero

amerikkalainen jalkapallo
kubadda-cagta maraykanka

pyöräily
tartanka bashkuleetiga

tennis
kubbadda miiska

koripallo
kubbadda koleyga

uinti
dabaal

nyrkkeily
cayaarta feerka

jääkiekko
hookiga barafka lagu dl

jalkapallo

kubadda cagta

sulkapallo

baadminton

yleisurheilu

ciyaaraha fudud

käsipallo

kubadda gacanta

hiihto

iskii/ciyaarta barafka

poolo

cayaar-faras

hypätä
boodid

nauraa
qosol

halata
hab-siin

kävellä
soco

laulaa
hees

unelmoida
riyo

rukoilla
duceyso

suudella
dhunkasho

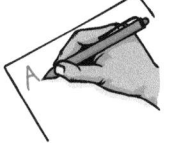

kirjoittaa

qorraxeed

piirtää

masawirid

näyttää

muuji

painaa

riix

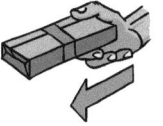

antaa

sii

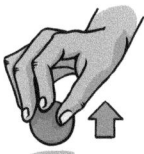

ottaa

qaado

omistaa	tehdä	olla
haysasho	samee	ahaansho

seisoa	juosta	vetää
istaag	orod	jiid

heittää	kaatua	maata
tuur	dhicid	been-sheegid

odottaa	kantaa	istua
sug	qaad	fariiso

pukeutua	nukkua	herätä
labiso	seexo	toos

katsoa

fiiri

itkeä

ooy

silittää

dhuftay

kammata

shanleyso

puhua

hadal

ymmärtää

faham

kysyä

weydii

kuunnella

dhageysasho

juoda

cab

syödä

cun

siivota

habee

rakastaa

jacayl

keittää

kari

ajaa

kaxee

lentää

duulid

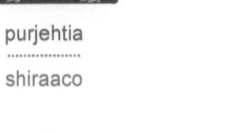

purjehtia

shiraaco

laskea

xisaabi

lukea

akhri

oppia

barasho

työskennellä

shaqee

mennä naimisiin

guurso

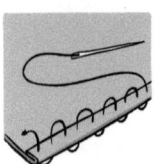

ommella

tol

pestä hampaat

cadayso

tappaa

dilid

tupakoida

sigaar cab

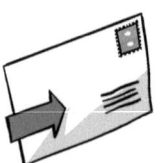

lähettää

dir

perhe

qoys

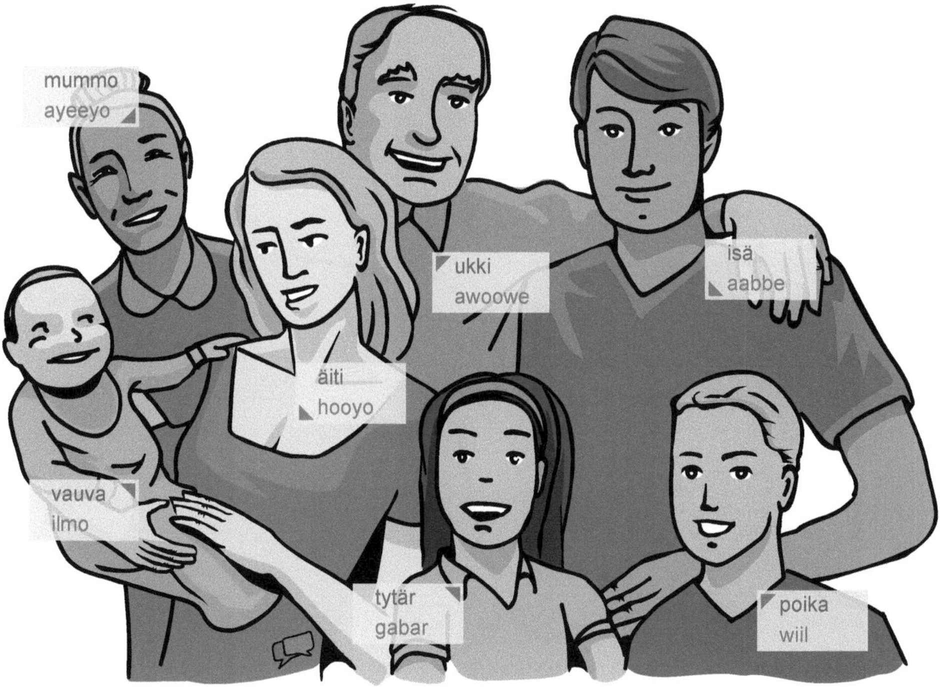
mummo
ayeeyo
ukki
awoowe
isä
aabbe
äiti
hooyo
vauva
ilmo
tytär
gabar
poika
wiil

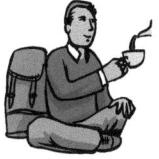

vieras

marti

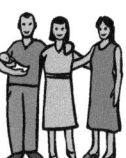

täti

eeddo

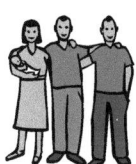

setä

adeer

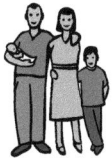

veli

walaal rag

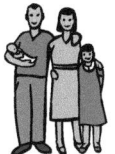

sisko

walaal dumar

vartalo

jir

otsa
fool
silmä
il
olkapää
garab
sormet
far
kasvot
weji
leuka
gar
käsi
gacan
jalka
lug
rinta
naas
käsivarsi
cudud

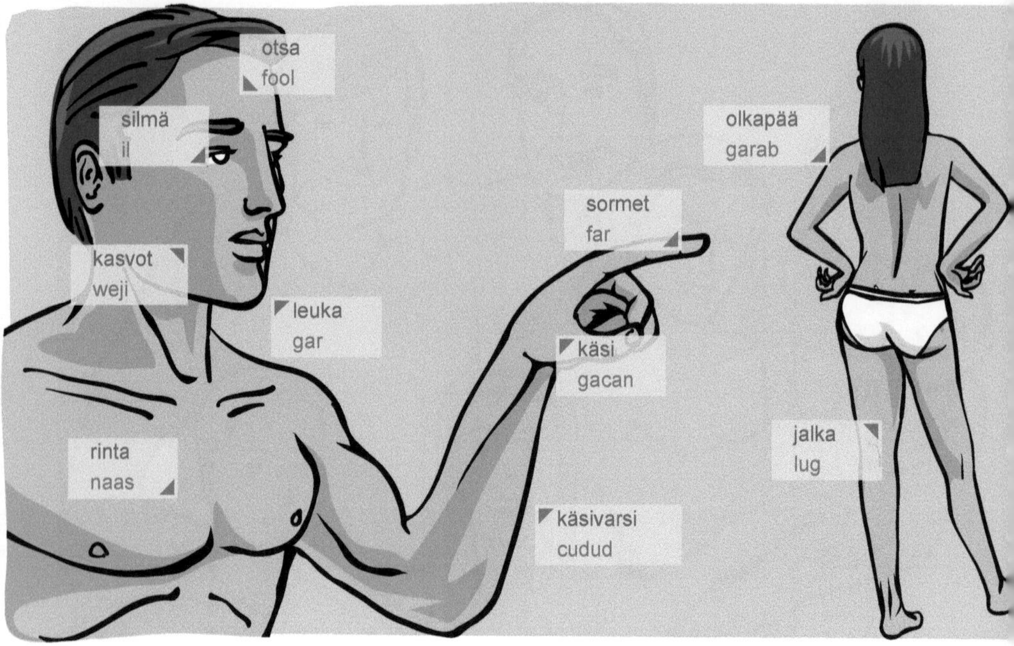

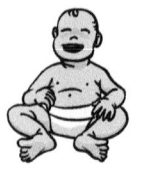

vauva
ilmo

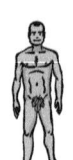

mies
nin

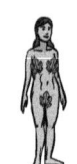

nainen
naag

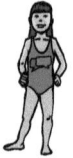

tyttö
gabar

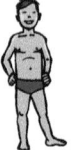

poika
wiil

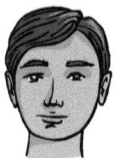

pää
madax

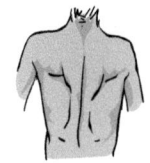	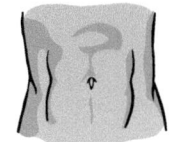	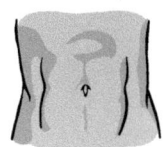
selkä	maha	napa
dhabar	calool	xuddun
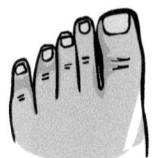	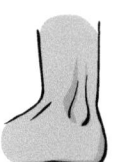	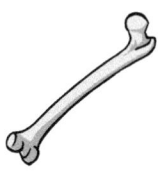
varvas	kantapää	luu
suul	cirib	laf
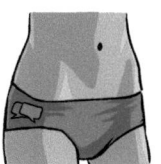		
lantio	polvi	kyynärpää
sin	jilib	xusul
		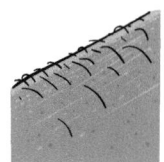
nenä	takapuoli	iho
san	bari	maqaar
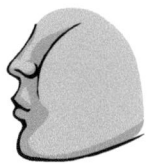	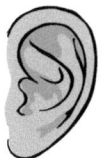	
poski	korva	huuli
dhafoor	dheg	bishin

suu

af

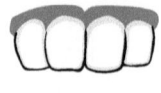

hammas

ilig

kieli

carrab

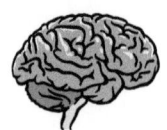

aivot

maskax

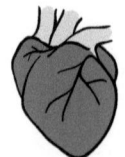

sydän

wadno

lihas

muruq

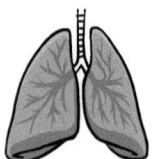

keuhkot

sambab

maksa

beer

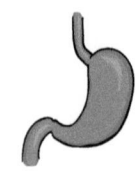

vatsa

uur kujirta caloosha

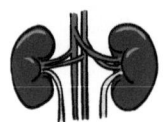

munuaiset

kelyo

seksi

galmo

kondomi

cinjir-galmo

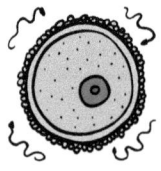

munasolu

ugxan

sperma

shahwo

raskaus

uur

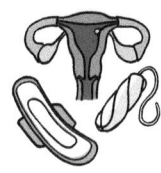

kuukautiset
....
caado

vagina
....
siil

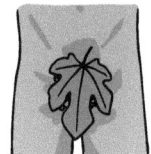

penis
....
gus

kulmakarvat
....
suni

hiukset
....
timo

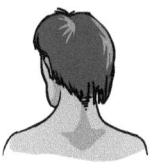

niska
....
qoor

sairaala

isbitaal

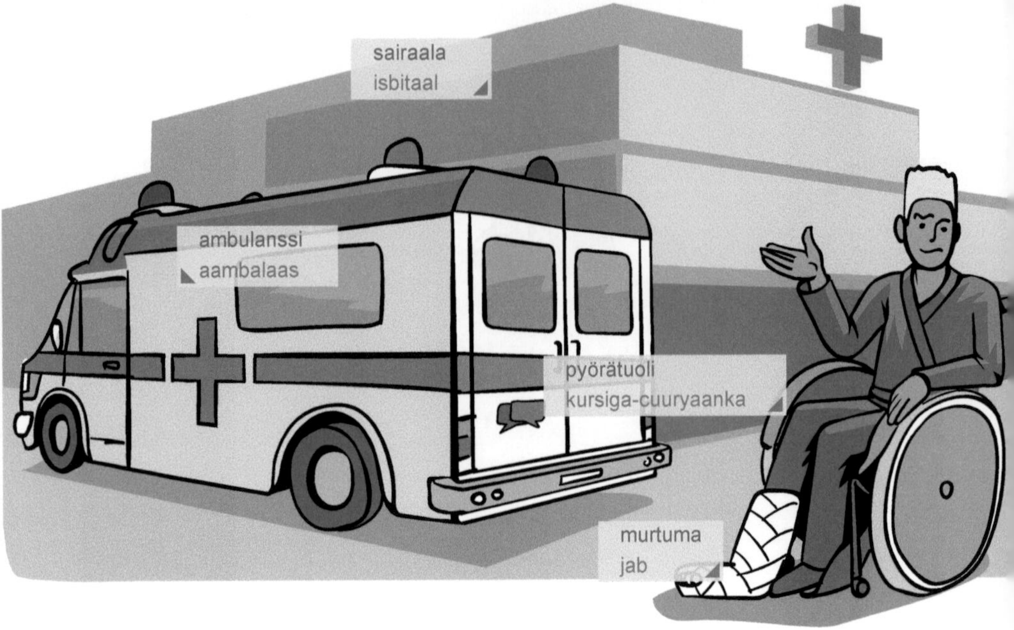

sairaala
isbitaal
ambulanssi
aambalaas
pyörätuoli
kursiga-cuuryaanka
murtuma
jab

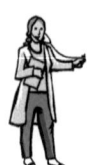

lääkäri

dhakhtar

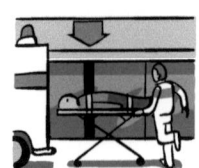

ensiapu

qolka xaaladaha-degdega ah

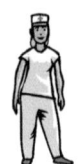

sairaanhoitaja

kalkaaliye

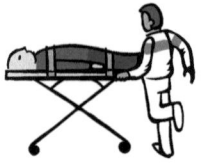

hätätilanne

xaalad deg-deg ah

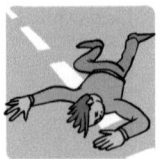

tajuton

miyir-beelsan

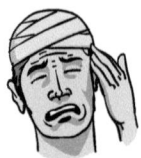

kipu

xanuun

vamma

dhaawac

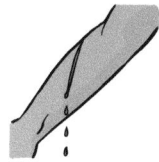

verenvuoto

dhiig-bax

sydänkohtaus

wadno-xanuun

aivoinfarkti

qallal

allergia

xasaasiyad

yskä

qufac

kuume

qandho

flunssa

hargab

ripuli

shuban

päänsärky

madax-xanuun

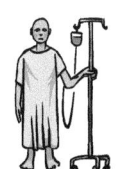

syöpä

kansar

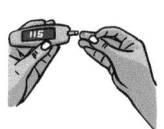

diabetes

cudurka sokoroow

kirurgi

dhakhtarka-qalliinka

veitsi

mindida qalliinka

leikkaus

qalliin

sairaala - isbitaal 73

ct
iskaan

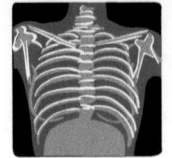

röntgen
raajo

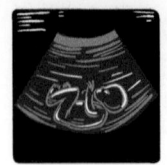

ultraääni
dhawaaq-xawaareed

maski
maaskaro

sairaus
cudur sokoroow

odotushuone
qolka sugitaanka

sauva
ul lagu boodo

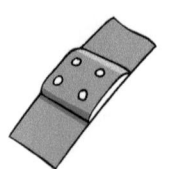

laastari
kab

side
faashato

pistos
duris

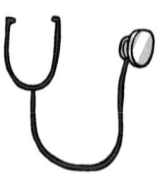

stetoskooppi
wadne-dhegeyeste

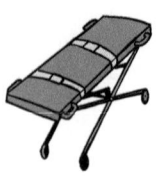

paarit
balankiino

kuumemittari
heer-kul-beega qandhada

syntymä
dhalasho

ylipaino
aad-u-cayilan

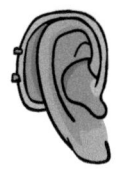

kuulolaite

maqal-caawiye

desinfiointiaine

jeermis-dile

infektio

caabuq

virus

feyras

HIV / AIDS

AYDHIS/HIV

lääke

daawo

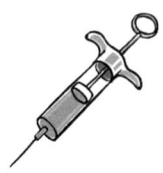

rokotus

tallaal

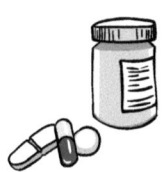

tabletit

kaniiniyo

pilleri

kaniin

hätäpuhelu

wicitaan deg-deg ah

verenpainemittari

cabbiraha dhiig-karka

sairas / terve

xanuunsan / caafimaadsan

Apua!

i caawiya!

hälytys

sawaxan

ryöstö

weerar-kadisa ah

hyökkäys

weerar

vaara

khatar

hätäuloskäynti

irridda bixida xaalad-deg-
deg

Tulipalo!

dab!

palosammutin

dab demiye

onnettomuus

shi!

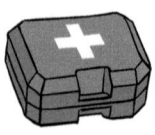

ensiapulaukku

saduuqa xaalada-degdega
ah

SOS

codsi badbaado

poliisilaitos

booliis

Eurooppa

Yurub

Pohjois-Amerikka

woqooyiga ameerika

Etelä-Amerikka

koonfurta ameerika

Afrikka

Afrika

Aasia

Aasiya

Australia

Oostareeliya

Atlantin valtameri

Atlaantik

Tyynimeri

Pacific

Intian valtameri

Bad-waynta hindiya

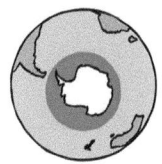

Eteläinen jäämeri

Bad-waynta antarctica

Pohjoinen jäämeri

Bad-waynta arctic

pohjoisnapa

cirifka waqooyi

etelänapa

cirifka koonfureed

Antarktis

Antarctica

maa

dhul

maa

dhul

meri

bad

saari

jasiirad

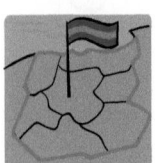

kansa

waddan

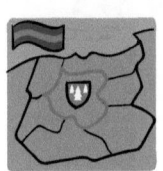

osavaltio

gobol

kellotaulu

wajiga saacadda

tuntiviisari

gacanka saacada

minuuttiviisari

gacanka daqiiqada

sekuntiviisari

gacanka ilbiriqsiga

Paljonko kello on?

waa intee saac?

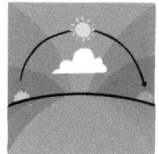

päivä

maalin

aika

wakhti

nyt

hadda

digitaalikello

saacadda jiifarrada

minuutti

daqiiqad

tunti

saacad

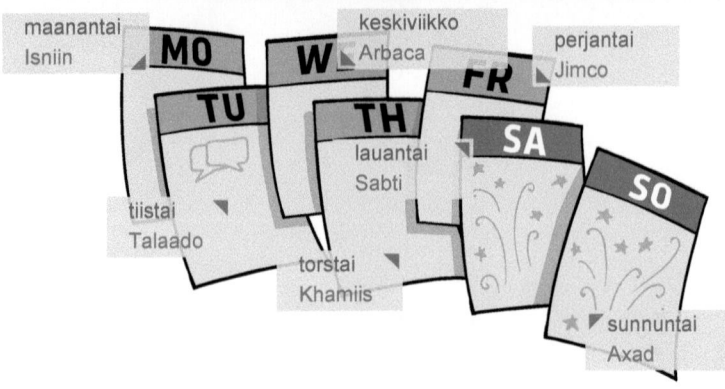

maanantai
Isniin

MO

W

keskiviikko
Arbaca

perjantai
Jimco

FR

TU

TH

SA

lauantai
Sabti

tiistai
Talaado

torstai
Khamiis

SO

sunnuntai
Axad

eilen

shalay

tänään

maanta

huomenna

berri

aamu

subax

keskipäivä

duhur

ilta

casir

MO	TU	WE	TH	FR	SA	SU
1	2	3	4	5	6	7
8	9	10	11	12	13	14
15	16	17	18	19	20	21
22	23	24	25	26	27	28
29	30	31	1	2	3	4

MO	TU	WE	TH	FR	SA	SU
1	2	3	4	5	6	7
8	9	10	11	12	13	14
15	16	17	18	19	20	21
22	23	24	25	26	27	28
29	30	31	1	2	3	4

työpäivät

maalmaha shaqo

viikonloppu

dabayaaqada usbuuca

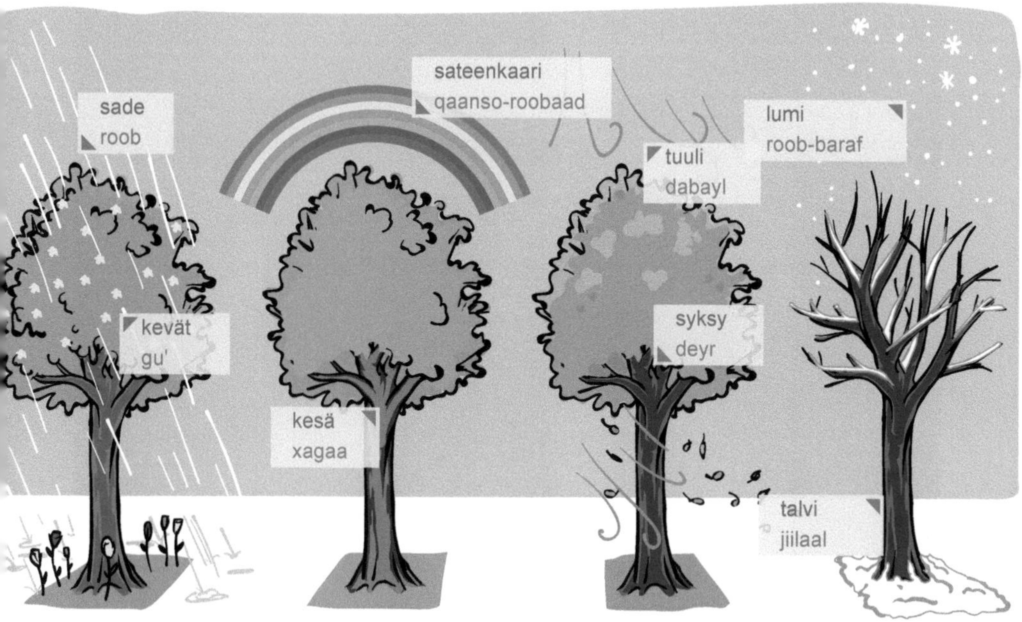

sade
roob
sateenkaari
qaanso-roobaad
lumi
roob-baraf
tuuli
dabayl
kevät
gu'
kesä
xagaa
syksy
deyr
talvi
jiilaal

4.APRIL 11°
5.APRIL 4°
6.APRIL 13°
7.APRIL 8°
8.APRIL 10°

sääennuste

saadaal hawo

F C
120 40
90 30
60 20
30 10
0 0
-30 -10
-20

lämpömittari

heer-kul baare

auringonpaiste

qorraxeed

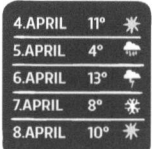

pilvi

daruur

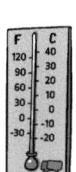

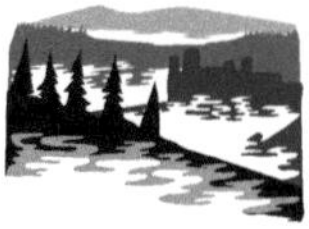

sumu

ceeryaamo

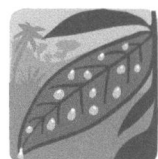

ilmankosteus

huur

salama

jac

ukkonen

onkod

myrsky

duufaan

rae

roob-baraf

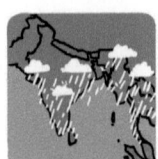

monsuuni

maansuun

tulva

daad

jää

baraf

tammikuu

Jannaayo

helmikuu

Febraayo

maaliskuu

Maarso

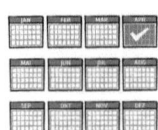

huhtikuu

Abriil

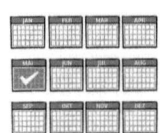

toukokuu

Mey

kesäkuu

Juun

heinäkuu

Luulyo

elokuu

Agoosto

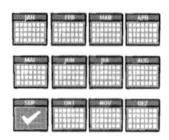

syyskuu

Sebteember

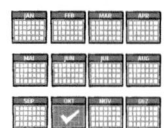

lokakuu

Oktoobar

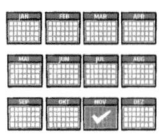

marraskuu

Nofeember

joulukuu

Diseember

muodot
qaababka

ympyrä

goobaabo

neliö

afar-gees

suorakulmio

leydi

kolmio

saddex-xagal

pallo

wareeg

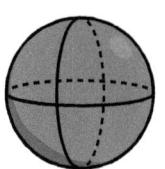

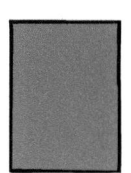

kuutio

bokis

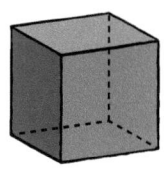

valkoinen

caddaan

keltainen

hurdi

oranssi

oranji

vaaleanpunainen

guduud-khafiif

punainen

casaan

violetti

carwaajis

sininen

bluug

vihreä

cagaar

ruskea

boroon

harmaa

cawl

musta

madow

paljon / vähän

badan / yar

vihainen / ystävällinen

caro / daganaan

kaunis / ruma

qurxoon / foolxun

alku / loppu

billow / dhammaad

suuri / pieni

yar / weyn

vaalea / tumma

iftiin / mugdi

veli / sisko

walaalkaa / walaashaa

puhdas / likainen

nadiif / wasakhaysan

täydellinen / epätäydellinen

buuxa / dhantaalan

päivä / yö

maalin / habeen

kuollut / elävä

dhintay / nool

leveä / kapea

ballaaran / ciriiri ah

syötävä / syömäkelvoton

la cuni karo / aan la cuni karin

paha / kiltti

arxan-daran / naxariis-badan

innostunut / tylsistynyt

faraxsan / caajisan

lihava / laiha

buuran / caateysan

ensimmäinen / viimeinen

ugu horeeya / ugu dambeeya

ystävä / vihollinen

saaxiib / cadaw

täysi / tyhjä

maran / buuxa.

kova / pehmeä

adag / jilicsan

painava / kevyt

culus / fudud

nälkä / jano

gaajo / oon

sairas / terve

xanuunsan / caafimaadsan

laiton / laillinen

sharci-darro / sharci

älykäs / tyhmä

caaqil / dabbaal

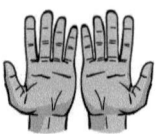

vasen / oikea

bidix / midig

lähellä / kaukana

dhow / fog

uusi / käytetty
....
cusub / duug

ei mitään / jotain
....
waxba / wax

vanha / nuori
....
da' / dhalinyar

päällä / pois päältä
....
daaris / damin

auki / kiinni
....
furan / xiran

hiljainen / äänekäs
....
aamusnaan / cod-dheer

rikas / köyhä
....
taajir / sabool

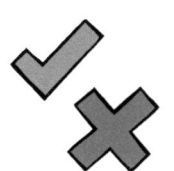

oikein / väärin
....
sax / khalad

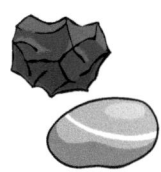

karhea / sileä
....
jilif leh / sabiibax

surullinen / iloinen
....
murugsan / faraxsan

lyhyt / pitkä
....
gaaban / dheer

hidas / nopea
....
tartiib / dhaqsi

märkä / kuiva
....
qoyaan / qalleyl

lämmin / viileä
....
qandac / qabow

sota / rauha
....
dagaal / nabad

0	**1**	**2**
nolla	yksi	kaksi
eber	kow	laba

3	**4**	**5**
kolme	neljä	viisi
saddex	afar	shan

6	**7**	**8**
kuusi	seitsemän	kahdeksan
lix	toddoba	sideed

9	**10**	**11**
yhdeksän	kymmenen	yksitoista
sagaal	toban	kow iyo toban

12

kaksitoista

laba iyo toban

13

kolmetoista

sadex iyo toban

14

neljätoista

afar iyo toban

15

viisitoista

shan iyo toban

16

kuusitoista

lix iyo toban

17

seitsemäntoista

todoba iyo toban

18

kahdeksantoista

sideed iyo toban

19

yhdeksäntoista

sagaal iyo toban

20

kaksikymmentä

labaatan

100

sata

boqol

1.000

tuhat

kun

1.000.000

miljoona

malyuun

englanti

Af ingiriis

amerikanenglanti

Ingiriiska Mareykanka

mandariinikiina

Mandariinka Shiinaha

hindi

Hindi

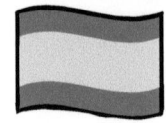

espanja

Boortaqiis

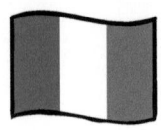

ranska

Faransiis

arabia

Carabi

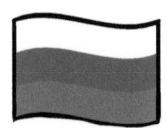

venäjä

Ruush

portugali

Boortaqiis

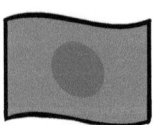

bengali

Bengaali

saksa

Jarmal

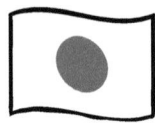

japani

Jabaaniis

minä

aniga

sinä

adiga

hän

asaga / ayada

me

annaga

te

idinka

he

ayaga

kuka?

kee?

mitä / mikä?

maxay?

miten?

sidee?

missä?

xagee?

milloin?

goorma?

nimi

magac

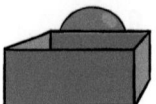

takana

gadaal

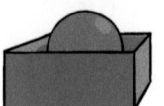

sisällä

gudaha

edessä

horta

yläpuolella

ka sare

päällä

dusha

alapuolella

ka hooseeya

vieressä

dhinac

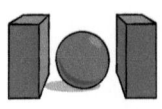

välissä

u dhexeeya

paikka

meel